AF515177

weltweit
Neuer Verlag der Leipziger Mission

Johnson Gnanabaranam
(1933–2008)
IX. Bischof von Tranquebar

SEI GEDULDIG UND BETE

Meditationen

ins Deutsche übersetzt und bearbeitet von
Eva Maria Siebert-Johnson

weltweit
Neuer Verlag der Leipziger Mission

Bibliografische Information der Deutschen Nationalbibliothek: Die Deutsche Nationalbibliothek verzeichnet diese Publikation in der Deutschen Nationalbibliografie;

detaillierte bibliografische Daten sind im Internet über dnb.dnb.de abrufbar.

Die automatisierte Analyse des Werkes, um daraus Informationen insbesondere über Muster, Trends und Korrelationen gemäß §44b UrhG („Text und Data Mining") zu gewinnen, ist untersagt.

© 2026 weltweit. Neuer Verlag der Leipziger Mission

Lektorat: Daniela Zweynert, LMW
Korrektorat: Antje Lanzendorf, LMW

Verlag: weltweit. Neuer Verlag der Leipziger Mission

Evangelisch-Lutherisches Missionswerk Leipzig e.V.
Paul-List-Straße 19, 04103 Leipzig
info@weltweit-verlag.de

Bibelverse aus der Lutherbibel, revidiert 2017,
© 2016 Deutsche Bibelgesellschaft, Stuttgart

Coverbild und alle weiteren Bilder: Solomon Raj
© Evangelisch-Lutherisches Missionswerk Leipzig e.V.

Druck: Libri Plureos GmbH, Friedensallee 273, 22763 Hamburg

ISBN: 978-3-00-047332-6

www.leipziger-missionswerk.de | www.weltweit-verlag.de

Inhalt

The Lord be with us · Linocut · P Solomon Raj 1998

Vorwort

„Seid beharrlich im Gebet." (aus dem Brief an die Gemeinde in Rom, Kapitel 12, Vers 12) – Mit diesen Worten aus der Bibel hat Bischof Johnson Gnanabaranam uns eine zentrale Botschaft seines Lebens und Wirkens hinterlassen. Der am 10. August 2008 verstorbene Bischof der Tamilischen Evangelisch-Lutherischen Kirche war ein Mensch des Gebets und der Tat. Seine Meditationen, die 2014 erstmals veröffentlicht wurden, sind ein lebendiges Zeugnis seines tiefen Glaubens und seiner unermüdlichen Hingabe an Gott und die Menschen.

Nun erscheinen sie als Neuauflage im Verlag weltweit. Neuer Verlag der Leipziger Mission. Wir hoffen, diese poetischen und tiefgehenden Texte bekannter zu machen.

Mit seiner Weisheit und seinem tiefen Verständnis für die Sorgen und Nöte der Menschen hat Bischof Gnanabaranam uns gezeigt, wie wir durch Gebet und Liebe die Dunkelheit überwinden und Hoffnung schenken können. Seine Meditationen sind ein Aufruf, die Welt mit den Augen des Glaubens zu betrachten und aktiv für Gerechtigkeit und Frieden einzutreten.

„Alle eure Sorge werft auf ihn; denn er sorgt für euch." (1. Petrusbrief 5,7) – Diese Zusage Gottes war für Bischof Gnanabaranam eine Quelle der Kraft und des Trostes. In seinen Texten teilt er mit uns seine eigenen Erfahrungen und Herausforderungen, die ihn dazu inspirierten, sich für Menschen am Rande, für alle, die bewusst ausgeschlossen oder schlicht ignoriert werden, einzusetzen. Seine Worte sind ein Schatz für persönliche Andacht, Impulse für Gespräch mit anderen und eine Einladung, die Liebe Gottes in der Welt zu bezeugen.

Wir danken Pfarrerin Dr. Eva Maria Siebert-Johnson, für die einfühlsame Übersetzung und Bearbeitung dieser Meditationen. Durch ihre Arbeit wird das Vermächtnis ihres Mannes in deutscher Sprache lebendig und zugänglich. Mögen diese Texte uns dazu ermutigen, in Geduld und Gebet zu leben und die Welt mit Taten der Liebe zu bereichern.

„Herr, hilf uns, gute und treue Stellvertreter zu sein." Amen.

Annette Kalettka,
Direktorin und Asien/Pazifik-Referentin des Leipziger Missionswerkes

The Lord be with us Linocut : D Solomon Raj 1998

Wie gut Du bist

*Er lässt seine Sonne aufgehen
über Böse und Gute und lässt regnen
über Gerechte und Ungerechte.*

Matthäus 5,45

Wie gut Du bist!
Du bist gütig sogar zu denen, die sagen: „Gott? Den gibt es nicht."

Wie gut Du bist!
Du bist gnädig sogar denen, die andere „Götter" anbeten.

Wie gut Du bist!.
Du vergibst sogar denen, die Deinem Schutz misstrauen
und Deine Wege ablehnen.

Wie gut Du bist!
Du starbst sogar für uns, als wie noch Sünder waren (Römer 5,8).

Wie gut Du bist!
Du versprichst sogar der Menschheit, sie in die neue Welt aufzunehmen.

Herr Jesus, es ist Deine Güte, die uns ermutigt,
in dieser grausamen Welt zu leben.
Es ist Deine Güte, die uns stärkt, den Schwierigkeiten und Krankheiten
dieses Lebens standzuhalten.
Es ist Deine Güte, die uns aufrichtet, wenn wir gefallen sind.
Wir danken Dir für Deine Güte.

Amen.

Was ich brauche

Siehe, Gott ist groß und unbegreiflich.

Hiob 36,26

Ich brauche keine Vision Gottes, um an ihn zu glauben.
Die Werke seiner Hände überzeugen mich.

Ich brauche keine Audition Gottes, um an ihn zu glauben.
Sein Wort überzeugt mich.

Ich brauche keine Berührung Gottes, um an ihn zu glauben.
Die Wirkungen des Heiligen Geistes überzeugen mich. (Johannes 20,25)

Was ich brauche, ist Liebe von Gott, die mich dazu anregt,
andere zu lieben, auch jene, die die Gläubigen hassen.

Was ich brauche, ist Weisheit von Gott, die mir hilft,
ein sinnvolles Leben unter Ungläubigen zu führen.

Was ich brauche, ist Reinheit von Gott,
die mich vor der Beschmutzung der ungläubigen Welt bewahrt.

O Dreieiniger Gott,
unsere Herzen sind wie Wüsten.
Gieße den Regen der Liebe über uns aus,
Unsere Herzen sind finster.
Verbreite das Licht der Weisheit.
Unsere Herzen sind unrein,
Reinige sie durch Deine Gegenwart.

Amen.

Drei Stufen des Betens

Seid beharrlich im Gebet.

Römer 12,12

Bevor Du irgend etwas tust: Bete.
Das ist der erste Schritt bei allem.

Während Du irgend etwas tust: Bete.
Das ist der zweite Schritt bei allem.

Wenn alle anderen Möglichkeiten erschöpft sind: Bete.
Das ist der letzte Schritt bei allem.

Das Evangelium und seine Wirkung

Und ich will reines Wasser über euch sprengen, dass ihr rein werdet; von all eurer Unreinheit und von allen euren Götzen will ich euch reinigen.

Hesekiel 36,25

Wann wird der Evangeliums-Tau
das ausgetrocknete Land der Kultur nässen?

Wann wird der Evangeliums-Regen
auf das ausgetrocknete Land der Erziehung und Bildung strömen?

Wann werden die Evangeliums-Quellen aufspringen
und sich in das ausgetrocknete Land der sozialen Missstände ergießen?

Wann wird Wasser aus den Evangeliums-Brunnen
für das Land der Politik geschöpft?

Wann wird der Evangeliums-Fluss in das ausgetrocknete Land der
Ökonomie und Wirtschaft fließen?

Lieber Herr,
mache uns zu Trägern des Evangeliums.
Benutze uns als Kanäle, um das Evangelium weiterzugeben.
Gebrauche uns als Gefäße, um das Evangelium aufzubewahren.
Lass unsere Gesellschaft mit der Evangeliums Botschaft gesättigt werden,
damit wir einen Vorgeschmack des Himmels auf der Erde haben.

Amen.

Ein Gespräch über den Glauben

Ich glaube; hilf meinem Unglauben!

Markus 9,24

„Was brachte Dich dazu, den christlichen Glauben anzunehmen?
Intuition oder Intelligenz?“
„Nein, es ist die Gnade Gottes, die mich dazu brachte.“

„Wer hat Dich von der Wahrheit des christlichen Glaubens überzeugt?

Die Heilige Schrift oder das Zeugnis der Christen?“
„Leben und Tod des auferstandenen Christus und seiner Nachfolger.“

„Was stärkt Deinen christlichen Glauben?
Theologische Bücher oder meditative Übungen?“
„Nein, die Gebete zum Dreieinigen Gott und
die Antworten auf diese Gebete.“

„Was gibt Dir im christlichen Gottesdienst Freude?
Die Liturgie oder die Predigten?“
„Der Dienst an anderen, denn auch das ist Teil des Gottesdienstes.“

„Was ist das größte Hindernis für Deinen christlichen Glauben?
Die Heuchelei der Christen oder die Taten der Dämonen?“
„Es ist mein eigenes undankbares Herz
mit seinen selbstsüchtigen Wünschen.“

Herr, ich glaube, befreie mich von meinem Unglauben.

Amen.

Gottes Schöpferkraft

Unser Gott ist im Himmel;
er kann schaffen, was er will.

Psalm 115,3

Aus einem Kind, das am Ufer des Nil lag,
machtest Du einen großen Führer, Moses.

Aus einem Götzenanbeter
machtest Du einen Patriarchen, Abraham.

Aus einem Hirtenjungen
machtest Du einen König, David.

Aus einem Maulbeerfeigen-Züchter
machtest Du einen Propheten, Amos

Aus einem Fischer
machtest Du einen Prediger, Petrus.

Aus einem Zeltmacher
machtest Du einen Evangelisten, Paulus.

Wunderbar ist Deine Schöpferkraft. Halleluja.

Amen.

Gestern – heute – morgen

Jesus Christus gestern und heute
und derselbe auch in Ewigkeit.

Hebräer 13,8

Nimm die Übel der Vergangenheit nicht in die Zukunft,
aber schmuggle alles Gute aus der Vergangenheit in die Zukunft.

Warte nicht und träume nicht in der Gegenwart
auf eine bessere Zukunft.
Die guten Dinge sind nicht nur für die Zukunft,
sondern auch für die Gegenwart bestimmt.

Bereue Dein Unrecht aus der Vergangenheit;
dann wirst Du es in der Zukunft nicht wiederholen.

Habe vor Deinen Augen die Vision der Neuen Welt. Dann kannst Du das
Gute der Neuen Welt mitten in der bösen alten Welt bewirken.

Lieber Jesus, Du bist der
Herr der Vergangenheit, Gegenwart und Zukunft.
Es steht nicht in unserer Macht,
unsere Herzen oder die Welt zu erneuern.
Gib uns das starke Verlangen nach Veränderung und Wandel zum Guten
für die ganze Menschheit.
Unsere sündige Vergangenheit lass uns vergessen.
Gib uns Freude über die heilige Zukunft.
Für das Gute in der Gegenwart lass uns arbeiten.

Amen.

Meine Sorgen

Alle eure Sorge werft auf ihn;
denn er sorgt für euch.

1. Petrus 5,7

Sind meine Sorgen wie Kieselsteine, die ich über den Fluss werfe?
Sind meine Sorgen wie alte Socken, die ich wegwerfe?
Sind meine Sorgen wie Kopfschmerzen, die langsam vergehen?
Sind meine Sorgen wie Unwahrheiten, die die Leute beiseite schieben,
wenn die Wahrheit ans Licht kommt?
Sind meine Sorgen wie Blumen, die langsam verwelken?

Herr, manchmal habe ich notwendige Sorgen
und manchmal unnötige Sorgen.
Manchmal habe ich eine Sorge vertrieben, nur um dann herauszufinden,
dass eine neue Sorge in meinem Kopf Einzug gehalten hat.
Manchmal sorge ich mich um Sachen,
um die ich mich nicht sorgen sollte.
Manchmal habe ich kleine Sorgen und manchmal große Sorgen.
Manchmal war ich selbst die Ursache für meine Sorgen
und manchmal waren andere die Ursache.
Manchmal war ich die Ursache für die Sorgen anderer.

Mein Herr, gib mir einen felsenfesten Geist.
Lass die Sorgen kommen und gegen ihn branden,
wie die Wellen und brechen.
Lass die Sorge, wie ich für andere nützlich sein kann,
alle anderen Sorgen besiegen.

Amen.

Gottes Großherzigkeit

Er lässt seine Sonne aufgehen
über Böse und Gute und lässt regnen über
Gerechte und Ungerechte.

Matthäus 5,45

Die Sonne scheint für Gottes gute Kinder,
aber die Bösen erfreuen sich auch am Sonnenschein.

Es regnet für Gottes ehrliche Kinder,
aber die Unehrlichen bekommen den Regen auch.

Der Wind bläst für Gottes freundliche Kinder,
aber die Grausamen haben ebenso Nutzen vom Wind.

Die Bösen verderben die Freude der Menschen.
Die Guten haben auch zu leiden.

Die Unehrlichen verderben das Vertrauen unter den Menschen.
Die Ehrlichen werden auch verdächtigt und verachtet.

Die Grausamen verderben den Frieden unter den Menschen.
Die Freundlichen werden auch terrorisiert und sterben im Krieg.

Lieber Herr,
Du lässt die Sonne gleicherweise scheinen auf Gute und Böse.
Du gibst Regen denen, die das Rechte und denen, die das Falsche tun.
Gib uns Deine Großherzigkeit, sodass wir anderen helfen.
ob sie nun die gleichen Ansichten haben wie wir oder nicht,
ob sie zu unserer Kultur gehören oder nicht,
ob sie uns Gutes tun oder nicht.

Amen.

Solomon Raj 1996

Bunte Farben

Die Herrlichkeit des HERRN bleibe ewiglich,
der HERR freue sich seiner Werke!

Psalm 104,31

Wenn alles grün erschaffen wäre,
wie stumpfsinnig wäre der grüne Schnee auf den Spitzen der Berge,
deren Abhänge mit grünem Gras bedeckt sind.

Wenn alles blau erschaffen wäre,
wie eintönig wäre der blaue Mond am Himmel.

Wenn alles rot erschaffen wäre,
wie langweilig wäre der Sonnenuntergang am roten Himmel.

O Schöpfer, Deine Phantasie ist so groß.
Ich danke Dir, dass Du viele Farben erschaffen hast.
Ich danke Dir für die schwarze, braune, gelbe und weiße Haut,
die Du den Menschen gegeben hast.

Amen.

Gibt es Gott?

Die Toren sprechen in ihrem Herzen:
»Es ist kein Gott.«

Psalm 53,2

Wer nicht tiefer nachdenken mag, sagt:
„Es gibt keinen Gott."

Wer seinen Feinden nicht vergeben will, sagt:
„Es gibt keinen Gott."

Wer seinen Reichtum mit den Armen nicht teilen will, sagt:
„Es gibt keinen Gott."

Wer den Geboten Gottes nicht folgen will, sagt:
„Es gibt keinen Gott."

Wem die Vergebung seiner Sünden nicht wichtig ist, sagt:
„Es gibt keinen Gott."

Herr, meine Klugheit und Redekunst kann meine atheistischen Freunde
nicht von Deiner Existenz überzeugen.
Aber ich erzähle ihnen, was Du für mich persönlich getan hast.
Das können sie nicht ableugnen.
Gib ihnen das Verlangen, Dich zu suchen und an Dich zu glauben.
Gib ihnen die Bereitschaft, Dir im Gebet zu begegnen.

Amen.

Sei ein Stellvertreter

1. Mose 18,20-33

Wenn Du Gott lobst,
lobe ihn nicht nur für alles Gute, das er Dir getan hat.
Sei ein Stellvertreter für andere und lobe Gott anstelle derer,
die vergessen haben, Gott zu loben.

Wenn Du Gott um Vergebung bittest,
denke nicht, dass Deine Seele mehr glänzen soll als die anderer.
Sei ein Stellvertreter für alle und erflehe Gottes vergebende Gnade für sie.
Wenn Du Gott um Segen bittest, sei nicht selbstsüchtig.
Sei ein Stellvertreter für alle und bitte um den Segen Gottes für sie.

Wenn Du in die Kirche gehst,
denke nicht, dass Du besser bist als andere, die nicht kommen.
Sei ein Stellvertreter für alle und bete Gott an anstelle der Abwesenden.

Wenn Du um Dich herum wenige Gläubige siehst,
sei nicht niedergeschlagen.
Sei ein Stellvertreter für alle. Diese kleine Gruppe vertritt die Liebe und
Gerechtigkeit des großen Gottes.

Lieber Herr, Du hast uns, der unbeachteten Gruppe der Gläubigen,
die Ehre gegeben, Stellvertreter unserer Nächsten vor Dir zu sein und
auch Dein Stellvertreter bei ihnen.
Lass unser Leben ein Sauerteig sein,
der den ganzen Brot-Teig durchsäuert (Matthäus 13,33).
Hilf uns, gute und treue Stellvertreter zu sein.

Amen.

In Gottes Reich

Dein Reich komme.

Matthäus 6,10

In Gottes Reich
ist keiner reich, denn dort ist niemand arm,
ist keiner weise, denn dort ist niemand töricht,
ist keiner heilig, denn dort ist auch keiner sündig,
ist keiner groß, denn dort ist auch keiner klein,
ist keiner gedemütigt, denn dort ist keiner hochmütig,

Herr, lass Dein Reich zu uns kommen.
Meine Selbstsucht möge das nicht verhindern.
Mein Unglaube möge es nicht bezweifeln.
Und meine Unheiligkeit möge es nicht beschmutzen.

Amen.

Pfingsten – heute

Es soll nicht durch Heer oder Kraft,
sondern durch meinen Geist geschehen,
spricht der HERR Zebaoth.

Sacharja 4,6b

Gott, Heiliger Geist,
komme zu uns als Wind
und belebe unsere geistlichen Lungen.

Komme zu uns als Feuer
und verbrenne allen Sünden-Müll.

Komme zu uns als Regen
und erfrische unsere Seelen.

Erwecke in uns Abscheu vor Routine-Sünden.
Schaffe in uns Verlangen nach allem, was heilig ist.
Gib uns die Kraft, für andere hilfreich zu sein.

Amen.

Freiheit

*Ihr aber, Brüder und Schwestern,
seid zur Freiheit berufen. Allein seht zu, dass ihr durch
die Freiheit nicht dem Fleisch Raum gebt,
sondern durch die Liebe diene einer dem andern.*

Galater 5,13

Habe ich nicht die Freiheit, zu lügen oder die Wahrheit zu sagen?
Ich entdecke mich als Sklaven der Falschheit.
Herr, mache mich zu einem Sklaven der Wahrheit.

Habe ich nicht die Freiheit, zu stehlen oder zu geben?
Ich entdecke mich als Sklaven des Geldes.
Herr, mache mich zu einem Sklaven der Freigebigkeit.

Habe ich nicht die Freiheit zur Versöhnung und einem neuen Leben
oder zur Trennung und einem Wrack des Lebens?
Ich entdecke mich als Bekannter der Unheiligkeit,

Herr, mache mich zu einem Sklaven der Heiligkeit.
Habe ich nicht die Freiheit, hartherzig zu sein oder gütig?
Ich entdecke, wie ich über Grausamkeit reflektiere.

Herr, mache mich zu einem Sklaven der Liebe.
Habe ich nicht die Freiheit, dem Teufel zu dienen oder Dich anzubeten?
Ich entdecke, dass ich die Welt verehre.

Herr, mache mich zu Deinem Sklaven und Diener.
Herr, was nützt die Freiheit, wenn ich sie missbrauche.
Du hast uns berufen, frei zu sein.
Hilf uns, diese Freiheit recht zu gebrauchen,
indem wir einander in Liebe dienen.

Amen.

Gnade

Doch Gott gibt größere Gnade. Darum heißt es:
»Gott widersteht den Hochmütigen,
aber den Demütigen gibt er Gnade.«

Jakobus 4,6

Mein lieber Jesus,
Der Blick Deiner Augen ist voller Gnade.
Die Worte, die aus Deinem Munde kommen, sind voller Gnade.
Dein Herz ist die Quelle der Gnade.
Was Deine Hände tun, ist Gnade.
Deine Füße leiten zur Gnade.

Aus Gnade bist Du für mich in der Vergangenheit am Kreuz gestorben.
Aus Gnade stärke mich jetzt, Dir zu folgen.
Aus Gnade wirst Du mich am Ende in Deines Vaters Haus aufnehmen.

Manchmal beachte ich Deine Gnade nicht,
wie ein ärgerliches Kind, das die Mutterliebe nicht versteht.
Manchmal habe ich Zweifel an Deiner Gnade,
wie ein Durstiger an einer kristallklaren Quelle,
der die Reinheit des Wassers bezweifelt.
Manchmal kümmere ich mich nicht um Deine Gnade,
wie ein törichter Junge,
der einen Diamanten als vermeintlichen Glassplitter wegwirft.

Hilf mir, Deine Gnade zu verstehen und zu ergreifen.
Dann werde ich keine Angst mehr haben.

Amen.

Bezahle Deine Schulden

Da sprach Jesus zu ihnen: So gebt dem Kaiser, was des Kaisers ist, und Gott, was Gottes ist.

Markus 12,17

Bezahle dem Kaiser und dem Staat, was Du ihnen schuldig bist;
Anderenfalls werden sie sich ihren Teil mit Gewalt von Dir holen.

Bezahle den Armen, was Du ihnen schuldig bist;
dadurch leihst Du Gott (Sprüche 19,17).

Bezahle an die Organisationen, die gegen Ungerechtigkeit kämpfen,
was Du ihnen schuldig bist;
dadurch befreist Du viele Menschen von körperlichen Leiden und
seelischen Qualen.

Bezahle an die Missionswerke, die das Evangelium verkünden,
was Du ihnen schuldig bist;
dadurch bringst Du vielen Licht und Leben.

Bezahle Gott, was Du ihm schuldig bist.
Leib, Geist und Seele gehören Gott.

Mein Herr und mein Gott,
ich gebe Dir meinen Leib, meinen Geist und meine Seele.
Mein Geld, das ich von Dir habe, soll den Hungernden Hilfe bringen.
Meine Talente und Begabungen, die ich von Dir erhielt,
sollen Freudlosen Freude bringen.
Meine Zeit, die ich habe, soll die Einsamkeit der Einsamen lindern.

Ich danke Dir, mein Herr, dass Du mir so viel gegeben hast.
Ich danke Dir, dass alles, was ich bin und habe, ein Geschenk von Dir ist.
Nimm es wieder hin.

Amen.

Die Natur der Seele

*Er hat aus einem Menschen das ganze
Menschengeschlecht gemacht,
damit sie auf dem ganzen Erdboden wohnen*

Apostelgeschichte 17,26

Wir sind nicht eins in der Hautfarbe, aber eins in Jesus.
Die Seele hat keine Farbe.

Wir sind nicht eins in der Sprache, aber eins in Jesus.
Die Seele versteht alle himmlischen Sprachen.

Wir sind nicht eins in der Kultur, aber eins in Jesus.
Die Seele freut sich am Guten und Schönen in jeder Kultur.

Wir sind nicht eins, was unsere Besitztümer betrifft, aber eins in Jesus.
Die Seele führt kein Bankkonto und hat keinen Besitz.

Wir sind noch nicht eins in unserer Nationalität, aber eins in Jesus
Die Seele steht über allem untauglichen und überflüssigen Nationalismus.

Mein Jesus,
stärke unter uns das Gefühl, dass wir in Dir eins sind.
Hilf uns, über das nachzudenken, was die Menschheit vereint
und das zu vergessen, was den Menschen vom Menschen trennt.
Halte meine Seele rein.
Amen.

The Lord be with us. Linocut. P Solomon Raj 1998

Die Einladung

Und er sandte seinen Knecht aus zur Stunde des Abendmahls, den Geladenen zu sagen: Kommt, denn es ist schon bereit!

Lukas 14,17

Gott hat eine Stadt des Friedens und der Freude geschaffen.
Warum gehst Du nicht dorthin?

Gott streckt seine Hand nach Dir aus und bietet Dir seine Gnade an.
Warum ergreifst Du sie nicht im Glauben?

Gott hat eine Speise der Erlösung bereitet.
Warum genießest Du sie nicht und freust Dich darüber?

Gott hat die Musik der Weisheit geschaffen.
Warum nimmst Du nicht die Stöpsel aus Deinen Ohren und hörst auf sie?

Lieber Gott,
Du wolltest nicht jemand sein, der mit Marionetten spielt.
Du wolltest nicht jemand sein, der im Zirkus Tiere vorführt.
Du willst, dass wir als freie Menschen Dir antworten.
Hilf uns, Deine Liebe in aktiver Weise zu erwidern.

Amen.

Dein Wille geschehe

Es werden nicht alle, die zu mir sagen: Herr, Herr!, in das Himmelreich kommen, sondern die den Willen tun meines Vaters im Himmel.

Matthäus 7,21

Nicht die meditierend murmeln: „Herr, Herr!“
nicht die Gedichte über Gott schreiben,
nicht die schöne Choräle von ihm singen,
nicht die Dialoge über Gott führen,
nicht die Beweise für die Existenz Gottes bringen,
nicht die beten: „Herr, Herr!“
nicht die den Herrn verkündigen,
sondern die den Willen Gottes tun,
werden ins Himmelreich kommen.

Lieber Herr,
lehre mich zu unterscheiden,
was Dein Wille ist und der Wille anderer.
Gib mir einen felsenfesten Willen,
nur das zu tun, was Du willst,
was auch immer die Konsequenzen sein mögen.

Amen.

Das Weizenkorn

Wenn das Weizenkorn nicht in die Erde fällt und erstirbt, bleibt es allein;
wenn es aber erstirbt, bringt es viel Frucht.

Johannes 12,24

Sonne, warum gehst Du unter?
Wenn ich nicht untergehe, kannst Du die Sterne nicht sehen
und die glänzenden Wolken und den Mond.

Blüte, warum verwelkst du?
Wenn ich nicht verwelke und abfalle,
kannst Du keine Früchte ernten.

Ei, warum zerbrichst du?
Wenn ich nicht zerbreche, kann das Küken nicht herauskommen

Salz, warum lösest Du Dich im Essen auf?
Wenn ich mich nicht auflöse, wird das Essen nicht schmecken.

Mein Leib, warum hörst Du eines Tages auf zu funktionieren?
Wenn ich nicht sterbe, kann Dein innerer Leib die Stufe nicht erreichen,
die Dein Heiland für Dich bereitet hat.

Herr,
forme und gestalte mich so,
dass ich viele Körner bringe
wie die Ähren des Weizenfeldes.

Amen.

Guter Wille

Ihr habt allezeit Arme bei euch,
und wenn ihr wollt, könnt ihr ihnen Gutes tun.

Markus 14,7

Die Blumen in den Gärten der Reichen blühen in Fülle.
Die Hunde der Reichen sind stark und gesund.
Die Puppen reicher Kinder sind wunderschön und kostbar.
Die Speisen, die die Reichen ihren Gästen anbieten, sind Leckerbissen.

Der Arme aber kann seinen Kindern nicht mehr geben als seine Liebe.
Er kann seinem Nachbarn nichts bieten als freundliche Grüße.
Er kann seinem Nächsten nicht mehr schenken als seine Fürbitte.

Herr, oft sage ich:
„Was kann ein einzelner gegen die großen Probleme der Welt tun?“
und vergesse dabei,
dass Du durch viele einzelne schon große Dinge getan hast.
Um anderen zu helfen, ist zuallererst guter Wille nötig.
Mein Herr, erwecke ihn in mir.

Amen.

Ich bin ein Christ

Wer den Sohn hat, der hat das Leben; wer den Sohn Gottes nicht hat, der hat das Leben nicht.

1. Johannes 5,12

Ich bin ein Christ, nicht weil ich in christlicher Tradition und in einer christlichen Familie aufgewachsen bin, sondern weil ich mit Jesus Christus neue gute Erfahrungen mache und machte.

Ich bin ein Christ, nicht weil meine Umwelt christlich ist, sondern weil Christus in meinem Herzen ein gutes Milieu für Tugenden erzeugt.

Ich bin ein Christ, nicht weil alle meine Gebete positiv beantwortet wurden, sondern weil ich durch meine Gebete Kraft erhalte, Schwierigkeiten zu tragen.

Ich bin ein Christ, nicht weil mir das Christentum einen guten Platz im Himmel nach meinem Tod verspricht, sondern weil es mir dazu hilft, schon jetzt einen Vorgeschmack des Himmels zu haben.

Ich bin ein Christ, nicht weil der christliche Glaube alle meine Fragen beantwortet, wie Gottes Gerechtigkeit, Gottes Unsichtbarkeit u.a.m.,

sondern weil er neue Fragen stellt wie: Wie kann ein Mensch am besten Gottes Mitarbeiter sein? Was bedeutet Gottes Solidarität mit der Menschheit? Wie kommt es, dass der, welcher Gottes Gerechtigkeit und Gnade anbetet, in seinem Leben auch Gerechtigkeit und Gnade widerspiegelt?

O Herr Jesus, das beste aller Geschenke, das ich von Dir empfange, ist dies: Ich kann an Dich glauben und daher als Christ leben. Danke für diese Segensgabe.

Amen.

Jesu abgrundtiefe Liebe

Gott aber erweist seine Liebe zu uns darin,
dass Christus für uns gestorben ist,
als wir noch Sünder waren.

Römer 5,8

Wenn jemand mich meines Geldes wegen liebt,
liebt er nicht mich, sondern das Geld.
Und was wird sein, wenn ich kein Geld mehr habe?

Wenn jemand mich meiner Schönheit wegen liebt,
liebt er nicht mich, sondern die Schönheit.
Und was wird sein, wenn die Schönheit verschwindet?

Wenn jemand mich liebt, weil ich nützlich für ihn bin,
liebt er nicht mich, sondern seinen Vorteil.
Und was wird sein, wenn ich nichts mehr für ihn tun kann?

Wenn jemand mich meiner angesehenen Vorfahren wegen liebt,
liebt er nicht mich, sondern meine Vorfahren.
Und was wird sein, wenn die ganze Geschichte der Vorfahren bekannt würde?

Wenn jemand mich meiner Gelehrsamkeit wegen liebt,
liebt er nicht mich, sondern die Gelehrsamkeit.
Und was wird sein, wenn diese nicht mehr zeitgemäß ist?

Mein Jesus, Du liebst mich, obwohl ich nichts bin und nichts habe.
Ich habe kein reines Herz.
Ich habe keine Liebe zu meinen Nachbarn.
Ich habe keinen starken Glauben.
Mein Jesus, wie groß ist Deine Liebe zu mir.
Ich danke Dir für Deine abgrundtiefe Liebe.

Amen.

Der wahre Mensch

Die Menschen liebten die Finsternis mehr als das Licht, denn ihre Werke waren böse.

Johannes 3,19b

Was ist das für ein Mensch,
der seine Ohren vor der wunderbaren Musik zuhält?

Was ist das für ein Mensch,
der seine Augen vor den herrlichen Ausblicken der Natur zuschließt?

Was ist das für ein Mensch,
der den Rettungsring nicht ergreift, während er mit den Wellen kämpft?

Was ist das für ein Mensch,
der zögert, den Hungernden zu helfen, obwohl er reichlich Geld hat?

Was ist das für ein Mensch,
der ablehnt, Jesus zu folgen, wenn er ihn ruft?

Lieber Herr Jesus,
viele Male hatte ich ein taubes Ohr für Deine Stimme,
schloss ich meine Augen vor Deiner Vision,
lehnte ich Deine helfenden Hände ab,
gehorchte ich Deinen Anweisungen nicht
und weigerte mich, Dir zu folgen.

Entferne meine Unwissenheit.
Stärke meinen Glauben.
Dann werde ich ein wahrer Mensch sein.

Amen.

Wünsche

Meine Seele verlangt und sehnt sich nach den Vorhöfen des HERRN.

Psalm 84,3

Wer hungert, verlangt nicht nach einer Scheune voll Korn,
sondern nach einem Bissen Brot, um sein Leben zu erhalten.
Herr, ich weiß, dass es ewigen Frieden für mich
am Ende meines Lebens gibt,
aber ich sehne mich schon jetzt nach Frieden in meinem Herzen.

Wer durstig ist, sehnt sich nicht nach einem Schwimmbad,
sondern nach einem Glas Wasser, um seinen Durst zu stillen.
Herr, ich weiß, dass es ewige Freude für mich
am Ende meines Lebens gibt,
aber ich sehne mich schon jetzt nach Freude inmitten meiner
Schwierigkeiten.

Wer in einem See hilflos treibt, träumt nicht unbedingt von einem Schiff,
um gerettet zu werden, sondern von einem Balken.
Herr, ich brauche nicht die Fähigkeiten eines Übermenschen,
um unmögliche Dinge zu tun, aber ich brauche Kraft,
um meine täglichen Pflichten zu erfüllen.

Wer gezwungen ist, um Mitternacht den Wald zu durchqueren,
wünscht nicht, dass die Sonne sofort aufgeht, sondern dass die Wolken
den Mond freigeben, damit er den Weg deutlich sehen kann.

Herr, ich sehne mich nicht nach einer Vision des siebten Himmels,
aber nach Deinem Wort tief in meinem Herzen:
„Fürchte Dich nicht, ich bin bei Dir“.

Amen.

Sünde

Meine Sünde ist immer vor mir.

Psalm 51,5

Sündiger Lebenswandel ist wie das gemähte grüne Gras.
Es wächst immer wieder nach.

Sündiger Lebenswandel ist wie das Salz, das sich im Wasser aufgelöst hat.
Selten kann man es mit dem bloßen Auge sehen; und doch ist es da.

Sündiger Lebenswandel ist wie ein Vulkan.
Er ist sieht ruhig und harmlos aus;
aber es ist schwer zu sagen, wann er wieder ausbricht.

Sündiger Lebenswandel ist wie ein ruhiger Fluss,
in dem sich Krokodile verstecken.
Nicht jeder weiß, dass sie dort sind.

Sündiger Lebenswandel ist wie ein Tiger, der auf dem Wege liegt.
Die Vorübergehenden wissen nicht, ob er tot ist oder nur schläft.

Mein Jesus, ich weiß,
dass ich erst nach dem Tode von der Sünde vollkommen frei sein werde.
Aber mit Deiner Hilfe kann ich schon jetzt gegen die Sünde kämpfen. Je
mehr ich meine Sünden überwinde,
desto mehr Freude und Frieden kommen in mein Herz.
Herr, hilf mir dabei.

Amen.

The Lord be with us. Linocut · D Solomon Raj 1998

Wunder

Gott tut große Dinge, die nicht zu erforschen sind
und Wunder, die nicht zu zählen sind.

Hiob 5,9

Ein Tor pflanzte eine Pflanze,
aber er düngte sie nicht und begoss sie auch nicht,

denn er meinte: „Gott tut Wunder."
Die kleine Pflanze vertrocknete.

Ein Tor pflanzte eine vertrocknete Pflanze;
er düngte und begoss sie,

weil er dachte: „Gott tut Wunder."
Die vertrocknete Pflanze veränderte sich nicht und wurde nicht grün.

Ein Tor pflanzte eine Pflanze,
die Wurzeln nach oben und die Sprossen in die Erde,

denn er glaubte: „Gott tut Wunder."
Die Pflanze starb.

Ein weiser Mann pflanzte eine Pflanze, düngte und begoss sie.
Die kleine Pflanze wuchs und bekam viele schöne Blüten.
Der weise Mann dankte Gott und sagte:
„Gott tut Wunder."

Mein Lebensweg

Dein Wort ist meines Fußes Leuchte
und ein Licht auf meinem Weg.

Psalm 119,105

Die Straße genannt „Zeit“ ist eine Einbahnstraße.
Die Straße genannt „Unglaube“ ist eine Sackgasse.
Die Straße genannt „Keine Hoffnung“ ist ein Rundweg;
Du wirst am Ende wieder am Anfang sein.
Die Straße genannt „Gleichgültigkeit gegenüber dem Dreieinigen Gott“
ist ein sicherer Weg zur Hölle.

Die Straße genannt „Glaube“ ist ein guter geschützter Weg
zur Stadt Gottes.
Die Straße genannt „Hoffnung“ ist der Weg,
wo Du auf der ganzen Strecke ermutigt wirst.
Die Straße genannt „Liebe“ ist ein sehr angenehmer Weg,
wo die schweren Lasten des Lebens federleicht werden.

Herr,
zu Zeiten muss ich durch das Tal der Todesschatten wandern.
Mein Ziel ist die Ewigkeit.
Ich danke Dir, dass Du auf meinem langen Weg
mein Wegbegleiter und Führer bist,
der mich beschützt.

Amen.

Der Heilige Geist

Aber ich sage euch die Wahrheit; es ist gut für euch, dass ich weggehe. Denn wenn ich nicht weggehe, so kommt der Tröster nicht zu euch. Wenn ich aber gehe, will ich ihn zu euch senden.

Johannes 16,7

Jesus ist die Sonne, der Heilige Geist sind ihre Strahlen.
Jesus ist die Wolke, der Heilige Geist ist der Regen.
Jesus ist die Wurzel, der Heilige Geist ist die Frucht.
Jesus ist die Glocke, der Heilige Geist ist der Klang.
Jesus ist die Form, der Heilige Geist ist der Inhalt.

Jesus, Du wurdest durch den Heiligen Geist empfangen,
bei Deiner Taufe kam der Heilige Geist auf Dich herab,
in Deiner Predigt wirkte stets der Heilige Geist.

Ich weiß, dass ich ein Sünder bin,
weil der Heilige Geist gegen mich zeugt.
Ich weiß aber, dass Jesus mein Heiland ist,
weil der Heilige Geist mich mit dieser Wahrheit erleuchtet.
Ich weiß auch, dass Jesus lebt,
weil der Heilige Geist die Gläubigen stark macht.

Heiliger Geist, Du brachtest Jesus in die Welt.
Nun bist Du der Fortsetzer der mächtigen Taten Jesu unter uns.

Amen.

Komm in mein Herz, Heiliger Geist!

Ein guter Mensch bringt Gutes hervor aus dem guten Schatz seines Herzens; und ein böser bringt Böses hervor aus dem bösen. Denn wes das Herz voll ist, des geht der Mund über.

Lukas 6,45

Wenn das Herz mit dem Heiligen Geist erfüllt ist,
spricht der Mund freundliche Worte
und bezeugt, dass Jesus die Wahrheit ist.

Wenn das Herz mit dem Heiligen Geist erfüllt ist,
erkennen die Augen die Fußspuren Jesu und folgen ihnen.

Wenn das Herz mit dem Heiligen Geist erfüllt ist,
hören die Ohren die Stimme Gottes an jedem Ort.

Wenn das Herz mit dem Heiligen Geist erfüllt ist,
riecht die Nase den kostbaren Duft Christi und ist erfreut
(Epheser 5,2; 2. Korinther 2,15).

Wenn das Herz mit dem Heiligen Geist erfüllt ist,
eilen die Füße anderen zu helfen, bevor sie darum bitten.

O Heiliger Geist, mein Mund sagt und singt: „Komm, Heiliger Geist“,
aber mein Unglaube, meine Weltliebe und mein Egoismus wollen nicht,
dass Du in mein Herz kommst.
Kann die Dunkelheit verschwinden, bevor das Licht kommt?
Kann die Sünde verschwinden, bevor Du in mein Herz kommst?
O Heiliger Geist, wohne in meinem Herzen und in den Herzen derer,
die mit mir leben.

Amen.

Vorgeschmack des Himmels

Lobe den HERRN, meine Seele!
HERR, mein Gott, du bist sehr groß;
in Hoheit und Pracht bist du gekleidet.

Psalm 104,1

Wenn ich den süßen Duft des weißen Jasmins rieche, habe ich einen Vorgeschmack des himmlischen Duftes schon in dieser Welt.

Wenn ich die sorgenfreien kleinen Vögel so fröhlich in den Zweigen singen höre, habe ich einen Vorgeschmack des himmlischen Halleluja schon in dieser Welt.

Wenn ich den farbigen Sonnenaufgang über dem Meer sehe, habe ich einen Vorgeschmack der himmlischen Schönheit schon in dieser Welt.

Wenn ich in Zeiten der Niedergeschlagenheit Ermutigungen in der Bibel lese, habe ich schon einen Vorgeschmack der himmlischen Stimmen.

Wenn ich jemanden sehe, der den Bedürftigen hilft, aus ihren Problemen herauszukommen, ist die Gegenwart des Erlösers schon anwesend.

Wenn ich erlebe, dass jemand mein schlechtes Verhalten verzeiht, erfahre ich die Gegenwart des großen Versöhners Jesus Christus (Römer 8,26).

Wenn ich fühle, dass der Heilige Geist für mich betet, empfinde ich die Gegenwart des Herrn in mir.

Lieber Herr,
Ich danke Dir für den Vorgeschmack der himmlischen Freuden
schon in dieser Welt.
Lehre mich, Deine Gegenwart zu spüren, wo auch immer ich bin.

Amen.

Gott kann ins Herz sehen

Ein Mensch sieht, was vor Augen ist;
der HERR aber sieht das Herz an.

1. Samuel 16,7

Was nützt es, wenn die Früchte gut aussehen und reif, aber giftig sind?

Was nützt es, wenn ein Mensch höfliche Worte spricht und gute Manieren hat, seine Taten aber die Schwächeren verwunden?

Was nützt es, wenn ein Buch einen schönen Umschlag hat und auf Kunstpapier gedruckt wurde, der Inhalt aber Unsinn ist?

Was nützt es, wenn ein Mensch gute Gesundheit und Reichtum besitzt, er aber einen bösen Charakter hat?

Was nützt es, eine Lampe anzuzünden und unter ein Gefäß zu stellen?

Was nützt es, den Glauben an den Dreieinigen Gott tief im Herzen zu haben, ohne dass andere davon erfahren?

Herr, ich tue so vieles, was weder mir noch anderen nützt.
Hilf mir dabei, meinen Mitmenschen von Nutzen zu sein.

Amen.

Leben durch Jesus

Wenn der Herr nicht das Haus baut, so arbeiten umsonst. die daran bauen. Wenn der Herr nicht die Stadt behütet, so wacht der Wächter umsonst.

Psalm 127,1

Kann der Wal dort schwimmen, wo kein Wasser ist?

Kann irgend jemand leben ohne den Schutz Gottes?

Kann die Lampe ohne Öl brennen?

Kann jemand ein Christ sein ohne den Heiligen Geist?

Kann der Adler ohne Flügel in die Lüfte steigen?

Kann jemand ein Christ sein ohne die Liebe?

Kann ein Baum ohne Wurzeln wachsen?

Kann jemand als Christ wachsen ohne den Glauben an Jesus?

Kann die Lotosblüte ohne Sonne blühen?

Kann man ein sorgenfreier Christ sein ohne Hoffnung?

Mein Herr, ich danke Dir für Deinen Schutz, der mir hilft zu leben,
für den Heiligen Geist, der mich als Christ erhält, stärkt und tröstet,
für Deine Liebe, die mich inspiriert, andere zu lieben,
für den Glauben an Jesus, der mir den Sinn meines Lebens enthüllt,
für die gesegnete Hoffnung, die die Müdigkeit meines Lebens verjagt.

Amen.

Wenn ich Jesus liebe ...

Wie mich mein Vater liebt, so liebe ich euch auch.
Bleibt in meiner Liebe!

Johannes 15,9

Wenn ich Jesus liebe, sollte ich dann nicht auch alle seine Freunde lieben,
die gebildeten und ungebildeten, die primitiven und zivilisierten,
die gelben und schwarzen?
Wenn ich Jesus liebe, sollte ich dann nicht tun, was er will?

Er will, dass ich anderen Speise gebe.
Er will, dass ich für die Gerechtigkeit aufstehe.
Er will, dass ich Gottes Barmherzigkeit bezeuge.

Wenn ich Jesus liebe,
habe ich Freude trotz meiner Schwierigkeiten,
habe ich Mut trotz meinen Niederlagen,
habe ich Frieden, den niemand von mir nehmen kann.

Mein Jesus,
wir lieben einander.
Lass uns anderen Freude und Frieden bringen.

Amen.

Göttliches Licht

Öffne mir die Augen,
dass ich sehe die Wunder an Deinem Gesetz.

Psalm 119,18

Die Sonne scheint am Tage mit ihren goldenen Strahlen.
Wer die Augen schließt, kann sie nicht sehen.

Der Mond scheint des Nachts und hat silbernen Glanz.
Wer schläft, kann ihn nicht sehen.

Mein Gott, Tag und Nacht strahlt Dein helles Licht.
Wenn aber meine geistlichen Augen geschlossen sind,
kann ich es nicht erkennen.

Öffne meine Augen,
dann erst kann ich Dein wunderbares Leuchten entdecken.

Amen.

The Lord be with Us. Linocut. P Soloman Raj 1998

Gute Taten

Wahrlich, wahrlich, ich sage euch: Wer an mich glaubt, der wird die Werke auch tun, die ich tue und wird größere als diese tun, denn ich gehe zum Vater.

Johannes 14,12

Einen Menschen, der keinen Glauben an Gott hat, aufzufordern:
„Tue Gutes!“, ist dasselbe wie wenn ich zu einem Tier,
das keine Flügel hat, sage, „Fliege!“.

Einen Menschen, der keine Hoffnung auf Gottes Wirken hat, aufzufordern:
„Tue Gutes!“, ist dasselbe wie einem Menschen in einem Boot mit großen
Löchern zu befehlen, „Rudere!“.

Einen Menschen, der keine Liebe zu Gott hat, aufzufordern:
„Tue Gutes!“, ist genauso wie einem Nichtschwimmer zu befehlen,
einen tiefen Fluss zu durchqueren.

Herr, gib mir Glauben, dann erhalte ich Kraft, Gutes zu tun.
Gib mir Hoffnung, dann weiß ich, welches Gute ich tun soll.
Gib mir Liebe, dann weiß ich, wie ich die guten Taten vollbringen soll.

Amen.

Inspiration

Denn alle Schrift, von Gott eingegeben, ist nütze zur Lehre, zur Zurechtweisung, zur Besserung, zur Erziehung in der Gerechtigkeit.

2. Timotheus 3,16

Heiliger Geist, der Du die Verfasser der Bibel inspiriert hast,
aufbauende Wort zu schreiben,
inspiriere auch viele unter uns, Deine Botschaft anderen mitzuteilen.

Heiliger Geist, der Du die Propheten inspiriert hast,
vor Ungerechtigkeit und Unglauben zu warnen,
inspiriere auch viele unter uns, die korrupte Gesellschaft zu warnen.

Heiliger Geist, der Du die Künstler inspiriert hast,
das Evangelium in Bildern und in Musik auszudrücken,
inspiriere viele unter uns, das Evangelium auch durch die Kunst weiterzugeben.

Heiliger Geist, der Du die Menschen inspiriert hast,
Jesus trotz Verfolgungen nachzufolgen,
inspiriere viele unter uns zu praktizieren, was Jesus gelehrt hat,
welche Schwierigkeiten auch immer damit verbunden sein mögen.

Amen.

Ein gutes Omen

Das ist das erste Zeichen, das Jesus tat.
Es geschah zu Kana in Galiläa,
und er offenbarte seine Herrlichkeit.

Johannes 2,11

Es ist ein gutes Zeichen, die Sterne am Himmel zu sehen;
wie Diamanten sind sie am Firmament befestigt.

Es ist ein gutes Zeichen, die bunten Blumen auf Wiesen
und in Wäldern zu sehen. Ist Gott nicht ihr Gärtner?

Es ist ein gutes Zeichen, die Vögel singen zu hören,
die ihre Schöpfer loben (Psalm 148,10).

Es ist ein gutes Zeichen, Menschen zu sehen,
die Gott vertrauen und mutig ihre Schwierigkeiten meistern.

Es ist ein gutes Zeichen, Menschen zu treffen,
die Dich anlächeln, obwohl sie Dich nicht kennen.

Es ist ein gutes Zeichen, einen Menschen zu entdecken,
der etwas Gutes tut.

Es ist ein gutes Zeichen, einen Menschen zu erblicken, der betet.
Störe ihn nicht.

Lieber Herr, ist es möglich,
dass auch ich ein gutes Zeichen für andere sein kann.
Wenn ja, gewähre es mir.

Amen.

Der Leib Christi

Ihr aber seid der Leib Christi
und jeder Einzelne ein Glied.

1. Korinther 12,27

Ein Christ ist nicht ein fallender Meteor,
sondern einer unter den leuchtenden Sternen der Milchstraße.

Ein Christ ist nicht ein einsamer Vogel, eingesperrt im Käfig,
sondern einer unter den Vögeln, die die Erde in Freiheit umkreisen.

Ein Christ ist nicht ein einzelner Tennisspieler,
sondern einer im Fußball-Team.

Ein Christ ist nicht ein Flöten-Solist,
sondern ein Musiker im Orchester.

Ein Christ ist nicht ein Einzelkämpfer,
sondern ein Streiter in der Armee, die gegen den Hass kämpft.

Lehre mich, Herr,
in Demut mit anderen
zum gemeinsamen Dienst für Dich zusammenzuarbeiten.

Amen.

Fülle mich

Wollen die leeren Worte kein Ende haben?

Hiob 16,3

Ein leerer Teller, auch wenn er von kostbarem Porzellan ist,
kann den Hunger nicht stillen.

Ein leerer Geldbeutel, auch wenn er wertvoll ist, kann nichts kaufen.

Ein leerer Kanal, auch wenn er breit ist,
kann die Reisfelder nicht bewässern.

Ein Mensch ohne gute Taten, selbst wenn er bildschön ist,
kann keine dauernde Freude geben.

Ein Herz ohne Glauben an Gott, selbst wenn es gut und mitleidig ist,
kann dem nicht helfen, der Zweifel am Sinn seines Lebens hat.

Lieber Gott,
manchmal fühle ich mich ganz leer. Fülle mich mit Deinem Geist.
Manchmal sind meine Worte leer. Fülle sie mit Deiner Kraft.
Manchmal sind meine Hände leer. Fülle sie mit Deiner Gnade.

Amen.

Gelassenheit

Ich kann niedrig sein und kann hoch sein; mir ist alles und jedes vertraut: beides, satt sein und hungern, beides, Überfluss haben und Mangel leiden.

Philipper 4,12

O Herr, lass mich ausgeglichen sein,
ob nun Freude an meine Tür klopft oder Sorge einbricht.
Aber lass mich nicht gleichgültig sein gegenüber den Sorgen
oder der Freude anderer.

Lass mich gleichmütig sein,
wenn Menschen mich achten oder lächerlich machen.
Lass mich aber niemals andere schlecht machen,
sondern vielmehr ihre Leistungen zu schätzen wissen

Lass mich in Erfolg oder Misserfolg ruhig bleiben,
aber nicht vergessen, Deprimierte zu ermutigen und
Erfolgreichen zu gratulieren.

Herr Jesus, hilf mir,
in dieser Welt gelassen zu bleiben trotz aller Sorgen.

Amen.

Mit Jesus vereint

Denn ich bin gewiss, dass weder Tod noch Leben, weder Engel noch Mächte noch Gewalten, weder Gegenwärtiges noch Zukünftiges, weder Hohes noch Tiefes noch irgendeine andere Kreatur uns scheiden kann von der Liebe Gottes, die in Christus Jesus ist, unserm Herrn.

Römer 8,38–39

Das Feuer kann die Seele, die mit Jesus vereint ist, nicht verbrennen.
Das Wasser kann die Seele, die mit Jesus vereint ist, nicht auflösen.
Der Wind kann die Seele, die mit Jesus vereint ist, nicht umstoßen.
Die Erde kann die Seele, die mit Jesus vereint ist, nicht begraben.

Zweifel können die Seele nicht von Jesus trennen,
nicht Schmerzen, nicht ungläubige Freunde, noch der Tod können die Seele von Jesus trennen.

Mein Gott, es ist Deine Gnade, die die Seele mit Jesus vereint.
Es ist Deine Liebe, die die Seele mit Jesus vereint.
Es ist mein Glaube, der die Seele mit Jesus vereint.

Mein Gott, meine Seele kam von Dir.
Achte auf sie, bis sie zu Dir zurückkehrt, nachdem sie beides,
Deine Liebe und die Gemeinschaft der Gläubigen erfahren hat.

Amen.

Sei geduldig und bete

Es ist schon schlimm genug,
dass ihr miteinander rechtet.
Warum lasst ihr euch nicht lieber Unrecht tun?
Warum lasst ihr euch nicht lieber übervorteilen?

1. Korinther 6,7

Wenn Dir jemand Unrecht tut, sei geduldig und bete.
Aber wenn jemand einem anderen Unrecht tut,
protestiere gegen diese Ungerechtigkeit

Wenn Dich jemand als Kastenlosen entwürdigend behandelt,
sei geduldig und bete.
Aber wenn einer die Kastenlosen schlecht behandelt,
schreie laut gegen diese Ungerechtigkeit.

Wenn Dich jemand verleumdet, sei geduldig und bete zu Gott.
Aber wenn ein Mensch einen anderen verleumdet,
dann protestiere laut gegen diese Ungerechtigkeit.

Lieber Herr,
gegenüber den Problemen meiner Mitmenschen
verhalte ich mich gleichgültig,
dagegen bei Problemen, die mich selbst betreffen,
protestiere ich lautstark.

Hilf mir, Herr, gegen jede Art von Ungerechtigkeit zu kämpfen,
nicht mit Gewalt, sondern mit Taten der Liebe.

Amen.

Gottes Wohnung

Wie lieblich sind Deine Wohnungen,
HERR Zebaoth! Meine Seele verlangt und sehnt
sich nach den Vorhöfen des Herrn.

Psalm 84,2–3a

Das Dach Deiner Wohnung ist der schöne blaue Himmel.
Die Wolken, die Sterne und der Mond sind das herrliche Deckengemälde.
Das weiche grüne Gras ist der Teppich Deiner Wohnung.
Sie ist so groß, dass ich die Wände nicht sehen kann.

Herr, willst Du nicht die zurückhalten, die das Dach Deiner Wohnung
mit dem Rauch abgeworfener Bomben verderben?
Herr, willst Du nicht denen eine neues Verständnis geben, die den
Teppich Deiner Wohnung mit Menschenblut besudeln?
Herr, willst Du nicht die belehren, die trennende Mauern und Grenzen in
Deiner Wohnung errichten?

Wie lieblich ist Deine Wohnung, o Herr Zebaoth.
Meine Seele verlangt und sehnt sich nach Deiner Wohnung.

Amen.

Die Welt – ein Urwald

Dies habe ich mit euch geredet, damit ihr in mir Frieden habt. In der Welt habt ihr Angst; aber seid getrost, ich habe die Welt überwunden.

Johannes 16,33

Ich durchquere einen Urwald.

Soll ich Gott bitten, alle Tiger und Schlangen dort zu töten –
oder soll ich beten: „Hilf mir, mit ihnen zu kämpfen" und weitergehen?

Soll ich Gott bitten, alle Bäume und Schlingpflanzen,
die das Tageslicht verdunkeln, zu zerstören – oder soll ich beten:
„Gib mir den Mut weiterzugehen"?

Soll ich den Urwald ständig verfluchen, ohne ihn zu durchqueren –
oder soll ich Gott für die Bewahrung beim Durchqueren
des Dschungels danken?

Herr, die Welt ist wie ein Dschungel.
Aber die Welt mit Dir und Deinen Freunden zu durchqueren –
das ist Freude.

Amen

Heimweh

Man wird auch nicht sagen:
Siehe, hier!, oder: Da!
Denn sehet, das Reich Gottes ist mitten unter euch.

Lukas 17,21

Herr, ich habe Heimweh nach dem Reich Gottes.
Lehre mich, wo es ist und wie ich dahin kommen kann.

Herr, ich habe Heimweh nach dem Reich Gottes.
Du sagst mir: „Das Reich Gottes ist mitten unter euch!"

Im Reich Gottes wird der Mensch an Jesus glauben.
Im Reich Gottes wird der Mensch das sein, was er sein sollte.
Im Reich Gottes wird der Mensch das tun, was er tun sollte.

Ich bin noch nicht im Reich Gottes;
ich bin im Reich der Sünde und Gottferne.

Herr,
ich danke Dir für das Heimweh nach dem Reich Gottes.
Hilf mir, vom irdischen Reich des Mammon und Übel wegzukommen.
Gib mir Bürgerrecht im Reich Gottes;
dann werde ich auch den Segen des Reiches Gottes erhalten.

Amen.

Armut

Matthäus 5,3-7

Einige sind materiell arm.
Sie können sich nicht am Luxus der Welt erfreuen.

Einige sind kontaktarm.
Sie können sich nicht an der Gemeinschaft
mit anderen Menschen erfreuen.

Einige sind arm in ihrem Glauben.
Sie können sich nicht am Vorgeschmack des Himmels auf Erden freuen.

Einige sind arm an Barmherzigkeit und Liebe.
Sie können sich nicht an der Gemeinschaft mit Jesus freuen.

Einige sind geistlich arm.
Sie können sich nicht an der Gemeinschaft mit dem Heiligen Geist freuen.

Herr, lass uns arm sein an allen üblen Taten.
Gib Reichtum an materiellem, geistigem und geistlichem Segen,
damit wir einen Vorgeschmack des Himmels
in dieser mit Sünde erfüllten Welt haben.

Amen.

Wie lange?

Lasst uns laufen mit Geduld in dem Kampf,
der uns bestimmt ist.

Hebräer 12,1b

Wie lange werden die Wolken die Sonne verbergen?
Wie lange werden die Fluten das Land verwüsten?
Wie lange wird der Regen streiken
und die grünen Felder in gelbe Steppen verkehren?
Wie lange wird die Menschheit unter der Tollheit der Kriegshetzer und Waffenhändler leiden?
Wie lange wird die Menschheit unter der Gier der Ausbeuter zittern?
Wie lange wird die Menschheit den Hass der Rassisten ertragen?
Wie lange werden die meisten Menschen ablehnen,
den Dreieinigen Gott anzubeten?

Lieber Herr,
wir wissen nicht, wie lange wir zu leiden haben und andere leiden sehen.
Aber wir wissen, dass eines Tages dies alles vorbei sein und ein neues Zeitalter kommen wird,
so wie das Kind zur rechten Zeit aus dem Mutterleib kommt.

Stärke uns bis dahin,
die Härten des Lebens zu bestehen.
Stärke uns bis dahin,
den Schwächeren zu helfen.
Stärke uns bis dahin,
gegen Ungleichheit und Ungerechtigkeit zu kämpfen.

Amen.

Wie ein Baum

Gesegnet ist der Mann, der sich auf den HERRN verlässt und dessen Zuversicht der HERR ist.

Jeremia 17,7

Christliches Leben ist wie ein immer wachsender Baum.
Seine Wurzeln reichen tief in die Mitte der Erde.
Seine Zweige strecken sich aufwärts zum Himmel.
Die leuchtenden Blüten und grünen Blätter machen den Baum schön.
Seine Früchte geben den Hungrigen Nahrung und Freude.
Seine Äste beherbergen die Vögel des Himmels.
Sein Schatten ist Zuflucht für müde Tiere.

Der Baum hat Zeiten der Trockenheit erlebt,
aber er ist nicht dürr geworden,
weil seine Wurzeln bis zum Grundwasser reichen.
Der Baum hat Stürme erlebt, aber er ist nicht umgefallen,
weil seine Wurzeln stark und fest sind.

Herr Jesus,
lass mein christliches Leben wie dieser Baum sein,
immer wachsend, stark, nützlich für andere und schön anzusehen.
Halte von mir fern die Axt des Teufels und die Würmer der bösen Taten.

Amen.

Entweder – Oder

Niemand kann zwei Herren dienen:
Entweder er wird den einen hassen und den andern lieben, oder er wird an dem einen hängen und den andern verachten.
Ihr könnt nicht Gott dienen und dem Mammon.

Matthäus 6,24

Es gibt keine Koexistenz zwischen Finsternis und Licht.
Die Wege zum Himmel und zur Hölle treffen sich nicht.
Es gibt keinen Vertrag zwischen Gott und dem Teufel.
Es gibt keine Mischung zwischen Sünde und Heiligkeit.
Es gibt keinen Kompromiss zwischen Gut und Böse.

Herr, Du willst meine Ehrlichkeit hundertprozentig haben,
nicht nur fünfzigprozentig.
Du willst, dass ich mit ganzem Herzen gegen das Böse kämpfe,
nicht nur halbherzig.

Besiege mein Zögern.
Gib mir die Kraft, keine Kompromisse zu schließen,
sondern Dir ganz zu dienen.

Amen.

Jesus, wer bist du?

Jesus spricht:
Ich bin der Weg und die Wahrheit und das Leben;
niemand kommt zum Vater denn durch mich.

Johannes 14,6

Jesus ist kein Ghetto, sondern Weg.
Jesus ist keine Sackgasse, sondern Weg.
Jesus ist nicht einer der Wege, sondern der Weg

Jesus ist keine Spekulation, sondern Wahrheit.
Jesus ist keine Tradition, sondern Wahrheit.
Jesus ist keine Philosophie, sondern Wahrheit.

Jesus ist kein Stillstand, sondern Leben.
Jesus ist keine Passivität, sondern Leben.
Jesus ist nicht Tod, sondern Leben

Jesus.
lebendiger wahrer Weg,
du bist der lebendige Weg zur Wahrheit,
du bist der wahre Weg zum Leben
Ich danke Dir für das, was Du bist.

Amen.

Lebendiger Glaube

Und die Apostel sprachen zu dem Herrn:
Stärke uns den Glauben!

Lukas 17,5

Manchmal bin ich wie ein unfruchtbarer Baum.
Aber der lebendige Glaube an Jesus bewirkt,
dass ich Früchte der Liebe hervorbringe.

Manchmal bin ich leblos wie ein Stein.
Aber der lebendige Glaube an Jesus treibt mich dazu, Gutes zu tun,

Manchmal bin ich äußerst pessimistisch,
wie ein Krimineller vor einem gnadenlosen Richter.
Aber der lebendige Glaube an Jesus ermutigt mich,
in allen Lagen zuversichtlich zu sein .

Manchmal bin ich töricht optimistisch wie eine Ratte,
die um des Futters willen in eine Falle läuft.
Aber der lebendige Glaube an Jesus öffnet mir die Augen,
realistisch zu sein.

Manchmal bin ich wie ein Schiff,
hin- und hergeworfen auf stürmischer See.
Aber der lebendige Glaube zeigt mir, dass Jesus bei mir im Boot ist.

Zuerst und vor allem brauche ich den Glauben an Jesus,
einen Glauben der lebendig und nicht tot ist.
Herr, schenke mir diesen Glauben.
Dann kann ich nützlich und
glücklich in dieser Welt leben.

Amen.

Freuet euch!

Freuet euch in dem Herrn allewege,
und abermals sage ich: Freuet euch!

Philipper 4,4

Ich freute mich über den schönen Sonnenaufgang,
aber bald wurde die Sonne zu heiß.

Ich freute mich über den farbigen Sonnenuntergang,
aber bald wurde es dunkel.

Ich freute mich an der Musik,
aber auf die Dauer wurde sie zum Lärm.

Ich freute mich an den Blumen,
aber nach einige Tagen waren sie verwelkt.

Je mehr ich dem Herrn vertraue,
desto weniger Sorgen habe ich.
Je mehr ich zum Herrn bete,
desto mehr Frieden erhalte ich.
Je mehr ich den Herrn anbete,
desto mehr freue ich mich.

The Lord be with
Linocut. P Solomon Raj 1995

Entdecke Gutes bei den Menschen

Gott hat mir gezeigt, dass ich keinen Menschen gemein oder unrein nennen soll.

Apostelgeschichte 10,28

Es sind verschiedene Gaben.

1. Korinther 12,4a

Wenn die Nase in einem Gesicht zu sehr hervorsteht,
freue Dich an der Schönheit der Augen.

Wenn die Augen störend sind, freue Dich an der Form der Ohren.

Wenn die Ohren nicht attraktiv sind,
wird Dir vielleicht das Lächeln gefallen.

Wenn Du in einem Menschen keinen Mut findest,
versuche seine Demut anzuerkennen.

Wenn Du in einem Menschen keine Intelligenz entdecken kannst,
versuche seine Ehrlichkeit zu schätzen.

Wenn Du in einem Menschen keinen Humor findest,
versuche seinen Fleiß zu achten.

Einige Tugenden sind sichtbar, andere verborgen.
Beurteile keinen Menschen negativ.

Mein lieber Herr und Heiland, Du bewundertest des Gauben eines
römischen Hauptmannes (Matthäus 8,10).
Lehre mich, die guten und schönen Seiten und Eigenschaften meiner
Mitmenschen zu sehen und zu schätzen.

Amen.

Sehnsucht nach Gottes neuer Welt

Denn das ängstliche Harren der Kreatur wartet
darauf, dass die Kinder Gottes offenbar werden.
Nicht allein aber sie, sondern auch wir selbst,
die wir den Geist als Erstlingsgabe haben, seufzen
in uns selbst und sehnen uns nach der Kindschaft,
der Erlösung unseres Leibes.

Römer 8, 19+23

Der Bauer sät den Samen; aber Gott lässt ihn wachsen.
Der Schreiner zimmert die Möbel; Gott aber gab das Material.
Der Arzt gibt die Medizin; aber Gott heilt.
Der Evangelist predigt das Evangelium; Gott aber gibt den Glauben.
Der Mensch betet um ein neues Herz; Gott schafft das neue Herz.

Herr, wir sehnen uns nach der neuen Welt.
Du allein kannst sie schaffen.
Wir wissen nicht, wann sie kommen wird.
In der Zwischenzeit verändere uns zu neuen Kreaturen,
damit wir in die neue Welt passen.

Amen.

Waffen der Liebe

Ich aber sage euch:
Liebt eure Feinde und bittet für die,
die euch verfolgen.

Matthäus 5,44

Für den Feind zu beten,
ist eine stärkere Waffe als Rache zu nehmen.

Dem Feind zu vergeben,
ist eine stärkere Waffe als ihn anzugreifen.

Dem Feind zu helfen,
ist eine stärkere Waffe als ihn zu verwunden.

Das Gute im Feind zu sehen,
ist eine stärkere Waffe als ihn zu beleidigen.

Mit dem Feind Freundschaft zu schließen,
ist eine stärkere Waffe als ihn zu zerstören.

Lieber Herr, gib mir Geduld,
wenn ich mit Feinden zu tun habe.
Gib mir die Weisheit,
ihre Freundschaft zu gewinnen.
Gib mir die Demut,
das Gute an ihnen zu sehen.

Amen.

Keine Ausrede

*Lasset uns aber Gutes tun und nicht müde werden;
denn zu seiner Zeit werden wir auch ernten,
wenn wir nicht nachlassen.*

Galater 6,9

Das Wasser mag schmutzig oder sauber sein –
die Lotosblüte leuchtet in reinem Weiß.
Das Umgebung mag gut oder schlecht sein –
der Christ wirkt als Christ, wo er auch sei.

Das Wasser mag heiß oder kalt sein –
es wird das Feuer löschen.
Inmitten drückender Schwierigkeiten oder in friedlichen Zeiten –
der Christ wird stets gegen das Böse kämpfen.

Das Wasser mag von oben kommen oder aus einer Quelle –
es stillt den Durst.
Ob von der Elite oder vom einfachen Volk –
der Christ wird hilfreich gegenüber seinem Nächsten sein.

Herr Jesus,
mein Milieu ist keine Entschuldigung für begrenzte Nachfolge.
Meine Schwierigkeiten sind keine Entschuldigung
für einen Rückzug aus dem Kampf gegen die Ungerechtigkeit.
Mein Stand in der Gesellschaft ist keine Entschuldigung
für unterlassene Hilfeleistung.

Herr, hilf mir, meine Pflicht zu tun und gib mir die Kraft dazu.

Amen.

Und hätten der Liebe nicht

Denn eure Liebe ist wie eine Wolke am Morgen und wie der Tau, der frühmorgens vergeht!

Hosea 6,4b

Einige haben großen Reichtum,
aber sie helfen den Bedürftigen nicht,
denn es ist keine Liebe in ihren Herzen.

Einige besitzen große Weisheit,
aber sie nutzen diese nicht,
um die Armen aus ihrer trostlosen Lage zu befreien,
denn es ist keine Liebe in ihren Herzen.

Einige haben großen Einfluss,
aber sie nutzen diesen nicht,
um Gerechtigkeit für die Benachteiligten zu bringen,
denn es ist keine Liebe in ihren Herzen.

Einige haben große Macht,
aber sie nutzen diese nicht,
um die Ausbeutung der Schwächsten zu beseitigen,
denn es ist keine Liebe in ihren Herzen.

Du brauchst keinen Reichtum, keine Weisheit, keinen Einfluss
und keine Macht, um Notleidenden zu helfen.
Was Du brauchst ist ein liebendes Herz.

Herr, gieße Deine Liebe in mein Herz,
damit ich anderen gegenüber liebevoll werde.

Amen

Gottes Schöpfung

Damit wir zum Lob seiner Herrlichkeit leben.

Epheser 1,12a

Rosen blühen im Sommer.
Vögel singen in den grünen Zweigen.
Fische schwimmen im kristallklaren Wasser.

Was bringt die Rosen zum Blühen?
Was bringt die Vögel zum Singen?
Was bringt die Fische zum Schwimmen?

Herr, die ganze Schöpfung erfüllt Deinen Willen.
Sollten nicht auch wir nach Deinem Willen handeln
und mit anderen teilen?
Herr, gib mir den Wunsch und die Kraft,
das zu tun, was Du willst.

Amen.

Glaube, Liebe, Hoffnung

Nun aber bleiben Glaube, Hoffnung, Liebe,
diese drei; aber die Liebe ist die größte unter ihnen.

1. Korinther 13,13

Glaube ist Gottes Geschenk an mich.
Ohne Glauben würde ich im Strudel der Verzweiflung
und Verwirrung ertrinken.

Hoffnung ist Gottes Geschenk an mich.
Ohne Hoffnung würde ich hin und her gestoßen im Taumel der
Ungewissheit, Depression und Angst.

Liebe ist Gottes Geschenk an mich.
Ohne Liebe würde ich verzehrt vom Feuer des Hasses
und der Selbstsucht

Lieber Herr Jesus,
stärke meinen Glauben,
damit ich ihn mit anderen teilen kann.
Stärke meine Hoffnung,
damit ich von meinem Vertrauen anderen abgeben kann.
Stärke meine Liebe,
damit ich die Güter, die ich besitze, mit anderen teilen kann.

Amen.

Überraschungen

Wem ich gnädig bin, dem bin ich gnädig, und wessen ich mich erbarme, dessen erbarme ich mich.

2. Mose 33,19b

Ich stand vor dem Galgen und hatte Angst.
Da erschien er und sagte: „Du bist frei. Ich starb für Dich."

Ich stand vor der Tür seines Hauses und dachte:
Selbst für Heilige ist es schwer einzutreten.
Wie kann ich als Sünder hineinkommen?
Er zog mich herein und sagte: „Wir sind Freunde."

Ich stand vor ihm und bettelte um ein Almosen.
Er umarmte mich und sagte:
„Ich liebe Dich. Komm, lass uns zusammen essen."

Lieber Herr Jesus,
meine Seele weiß besser als mein Leib,
was Du für meine Seele getan hast.
Mein Leib weiß besser als meine Seele,
was Du für meinen Leib getan hast.

Ich danke Dir, Herr.

Amen.

Was nützt es?

Was hülfe es dem Menschen,
wenn er die ganze Welt gewönne und nähme doch
Schaden an seiner Seele?

Matthäus 16,26

Was nützt es, stark zu sein, während das Herz feige ist?

Was nützt es Reichtum anzuhäufen,
wenn es keinen Fortschritt im Wohltun gibt?

Was nützt es, Weisheit zu gewinnen, wenn keine Glaube im Herzen ist?

Was nützt es, viele Versprechungen für die Zukunft zu hören,
wenn es keine Hoffnung für die Gegenwart gibt?

Was nützt es, lange zu leben,
wenn man keine Liebe zum Nachbarn zeigt?

Herr Jesus, gib uns ein tapferes Herz,
das das Rechte tut, was auch immer die Folgen sein mögen

Gib uns ein barmherziges Herz, das den Wohlstand mit anderen teilt.
Gib uns ein glaubendes Herz, das Dir vertraut.
Gib uns ein Herz, das sich auf Dich verlässt,
damit wir uns nicht um die Zukunft zu sorgen brauchen.
Gib uns ein liebendes Herz, das anderen Freude bringt.

Amen.

Lehre mich

Lehre mich tun nach Deinem Wohlgefallen,
denn Du bist mein Gott.

Psalm 143,10a

Wenn die heiße Sonne scheint,
schmilzt das Wachs, der Lehm aber wird hart.
Gib mir ein barmherziges Herz, das schmilzt,

Wenn der Fluss über die Ufer tritt, geschieht den Fischen nichts,
aber einige Lebewesen am Ufer leiden.
Gib mir einen Geist, der in Katastrophen ruhig bleibt und nicht versinkt.

Wenn der Wind stürmt, bricht das Zuckerrohr,
aber nichts geschieht dem biegsamen Schilf.
Gib mir Demut, die mich inmitten stürmischem Wetters aufrecht hält.

Amen.

Welch ein Fest

Sie sollen reden von deinen mächtigen Taten, und ich will erzählen von deiner Herrlichkeit.

Psalm 145,5

Der Mond und die Sterne am Himmel
sind ein Fest für meine Augen.

Die singenden Kolibris auf den Baumspitzen
sind ein Fest für meine Ohren.

Die duftenden Blumen am Bergabhang
sind ein Fest für meine Nase.

Die reifen Früchte
sind eine Fest für meinen Gaumen.

Der sanfte Wind, der vom Fluss her weht,
ist ein Fest für meinen Leib.

Die Lebens-Worte, die unser Herr gesprochen hat,
sind ein Fest für meinen Geist und meine Seele.

Ohne dieses Fest wäre mein Leben bedeutungslos,
ja sinnlos.

Glaube und Unglaube

Die Toren sprechen in ihrem Herzen:
„Es ist kein Gott."

Psalm 14,1

Die Zunge der Ungläubigen fragt: Wo ist Gott?
Die Zunge der Gläubigen antwortet: Wo ist Gott nicht?

Die Augen der Ungläubigen sagen: Gott ist nicht zu sehen.
Die Augen der Gläubigen entgegnen: Gott ist sichtbar in Jesus.

Die Ohren der Ungläubigen wollen den Ruf Gottes nicht hören.
Die Ohren der Gläubigen aber hören die tröstende Stimme Gottes
mit Freude.

Die Füße der Ungläubigen rennen fort von Gott.
Die Füße der Gläubigen kommen Gott immer näher.

Die Hände der Ungläubigen halten ihr Eigentum fest.
Die Hände der Gläubigen teilen ihr Eigentum mit den Armen.

Mein Herr, es wäre besser für mich zu sterben,
als ohne Glauben an Dich zu leben.

Herr, lass meinen Glauben täglich wachsen,
damit ich als wahrer Christ leben kann.

Amen.

Sich gegenseitig durchdringende Sphären

Ich habe Lust, aus der Welt zu scheiden und bei Christus zu sein, was auch viel besser wäre.

Philipper 1,23

Ich möchte die Sorgen und Freuden dieser Welt verlassen
und zu Jesus gehen.
Aber Jesus sagt: „Gehe hin und diene den Menschen. Ich bin dort."

Ich möchte mich vom Kampffeld zwischen Gut und Böse zurückziehen.
Aber Jesus sagt: „Führe den Kampf fort. Der Augenblick,
da Du zurückweichst, gilt als Niederlage."

Ich möchte bald in den Himmel gehen, denn ich bin es leid, die Armut,
den Unglauben, die Grausamkeiten und die Trennungen zu sehen.
Aber Jesus sagt: „Wo Glaube, Liebe und Hoffnung ist, da zeigt sich der
Vorgeschmack des Himmels schon auf der Erde."

Lieber Herr,
der Teufel will diese Erde zur Hölle machen.
Du aber willst, dass sie eine neue Welt, ein Abbild des Himmels werde.
Hilf mir, dass die Liebe zur alten Welt in mir verschwindet
und ein Verlangen nach der neuen Welt in mir entsteht.

Amen.

Die Formung

Ich will meinen Geist in euch geben und will solche Leute aus euch machen, die in meinen Geboten wandeln und meine Rechte halten und danach tun.

Hesekiel 36,27

Aus Eisen wurde ein Schwert geschmiedet.
Aus Eisen wurde ein Kreuz gemacht.
Dasselbe Material, aber verschiedene Formen.

Aus Gold wurde ein Kreuz geschaffen.
Aus Eisen wurde ein Kreuz gemacht.
Dieselbe Form, aber verschiedenes Material.

Herr, wenn ich meine Seele allein forme, könnte Schreckliches werden.
Wenn Du meine Seele formst, wird sie ein brauchbares Instrument.
Meine Seele ist ein Klumpen Lehm.

Forme meine Seele.

Ob ich fröhlich oder traurig bin,
wenn Du mich formst,
werde ich zu einem Menschen,
der anderen Freude bringt.

Wenn Du mich formst,
werde ich für andere nützlich sein.

Amen.

Der Sinn meines Lebens

Selig seid ihr, wenn euch die Menschen um meinetwillen schmähen und verfolgen.

Matthäus 5,11a

Mein Gott, willst Du mir nicht den Sinn meines Lebens erklären?
Gibt es einen Unterschied zwischen dem Leben einer Eintagsfliege
und dem Leben eines Menschen, der sechzig Jahre lang lebt?

Ich habe Dein Wort weitergesagt.
Einige lobten mich, aber oft wurde ich verspottet.

Ich versuchte Gutes zu tun.
Manchmal dankte man mir; aber oft erfuhr ich Böses als Dank.

Ich versuchte, Deiner Gerechtigkeit zu folgen,
jedoch sehr oft erfuhr ich Ungerechtigkeit.
Täglich sterbe ich inmitten dieser Schwierigkeiten.

Mein Kind, Christus ist der Sinn Deines Lebens.
Ob Du einen Tag oder hundert Tage lang lebst,
sei ein kleiner Christus in Deinem Umkreis.

Christus predigte. Steine wurden auf ihn geworfen.
Jesus tat Gutes. Er wurde gefangen genommen.
Jesus ist die Gerechtigkeit. Er wurde gekreuzigt und starb am Kreuz.
Aber er ist auferstanden und lebt und sein Werk geht weiter.

Mein Kind, dies ist der Sinn Deines Lebens:
Zu leiden und verfolgt zu werden um der Gerechtigkeit willen.
Mein Kind, solchen gehört das Reich Gottes (Matthäus 5,10).

Vertrauen

So lasst nun ab von dem Menschen, dessen Odem nur ein Hauch ist; denn für was ist er zu achten?

Jesaja 2,22

Vertraue einem Menschen nicht vollständig.
Er mag morgen sterben, obwohl er ein starkes Herz hat.

Vertraue einem Menschen nicht immer.
Er mag seine Meinung morgen über Dich ändern.

Vertraue einem Menschen nicht absolut.
Er mag den Willen haben, Dir zu helfen, aber nicht die Kraft.

Vertraue einem Menschen nicht bedingungslos.
Er mag in eine Falle des Teufels geraten
und Du wirst mit hineingezogen.

Vertraue einem Menschen nicht unbegrenzt.
Er mag damit beginnen, Dich als einen Abhängigen zu behandeln.

Achte den Menschen. Liebe ihn.
Nimm seine Ratschläge und Hilfen an, soweit Du sie brauchst.
Aber vertraue nur Gott.

Herr, Du hast mir in meinem Leben so viele Beweise gegeben,
dass Du vertrauenswürdig bist.
Dennoch klammere ich mich oft an andere und nicht an Dich.
Halte mich fest.

Amen.

Nicht alles ist käuflich

Wohlan, alle, die ihr durstig seid, kommt her zum Wasser! Und die ihr kein Geld habt, kommt her, kauft und esst! Kommt her und kauft ohne Geld und umsonst Wein und Milch!

Jesaja 55,1

Du kannst einen Spiegel kaufen,
aber nicht die Schönheit.

Du kannst einen Fußball kaufen,
aber nicht die Geschicklichkeit im Spiel.

Du kannst ein Musikinstrument kaufen,
aber nicht die Meisterschaft des Musizierens.

Du kannst eine Kirche kaufen,
aber nicht die Gemeinde.

Du kannst ein christliches Kunstwerk kaufen,
aber nicht die Frömmigkeit.

Du kannst eine kostbare Bibel kaufen,
aber nicht den Glauben.

Herr Jesus, viele Dinge können wir tun.
Aber die größeren Dinge sind Deine freien Gaben.
In ihnen erkenne ich Deine große Liebe zu uns.

Amen.

Rennen, Schwimmen, Fliegen

Denn der HERR ist meine Kraft,
er hat meine Füße wie Hirschfüße gemacht und
führt mich über die Höhen.

Habakuk 3,19a

Die Tiere rennen mit ihren Füßen.
Die Fische schwimmen mit ihren Flossen.
Die Vögel fliegen mit ihren Flügeln.

Ich möchte Gott mir meinem Glauben erreichen.
Ich möchte meinen Nächsten mit meiner Liebe erreichen.
Ich möchte die neue Welt mit aktiver Hoffnung erreichen.

Herr, gib mir die Füße des Glaubens,
Deine Gegenwart zu erreichen.
Gib mir die Flossen der Liebe,
meinen Nächsten zu erreichen.
Gib mir die Flügel der Hoffnung,
die neue Welt zu erreichen.

Amen.

Bleibe in mir

Ich bin der Weinstock, ihr seid die Reben.
Wer in mir bleibt und ich in ihm,
der bringt viel Frucht.

Johannes 15,5

Wo Jesus bleiben möchte:

In einem bereuenden Herzen,
nicht in einem selbstsüchtigen Herzen,

in einem glaubenden Herzen,
nicht in einem Herzen, das meint alles zu verstehen,

in einem Herzen, das gegen die Unheiligkeit kämpft,
nicht in einem Herzen, das beansprucht heilig zu sein,

in einem Herzen, das die Probleme mutig angeht,
nicht in einem Herzen, das vor den Problemen davonläuft,

in einem Herzen, das Ungerechtigkeiten bekämpft,
nicht in einem Herzen, das bequem und untätig leben will,

in einem Herzen, das ehrlich teilt,
nicht in einem Herzen, das nur Almosen gibt,

in einem Herzen, das sich freut zu geben,
nicht in einem Herzen, das nur am Empfangen und Behalten Freude hat.

Herr, gib mir ein neues Herz,
dann werde ich ein neues Geschöpf sein.

Amen.

Zum Autor

Johnson Gnanabaranam wurde 1933 in der südindischen Stadt Tiruvallur geboren. Seine Mutter war Lehrerin, seine beiden Großväter arbeiteten als Evangelisten der Leipziger Mission.

Er studierte zunächst Mathematik, Logik und Wirtschaftswissenschaft und ließ sich anschließend in Tranquebar zum Lehrer ausbilden. 1962 beendete er ein Theologiestudium in Chennai und wurde Vikar der Tamilischen Evangelisch-Lutherischen Kirche (TELC).

1964 erhielt er ein Stipendium für die Missionsakademie an der Universität Hamburg. Die Tutorin Eva Maria Siebert entdeckte seine schriftstellerische Begabung und übersetzte die in Englisch verfassten Werke ins Deutsche. Seine bekanntesten Werke in deutscher Sprache sind: „Heute mein Jesus" (1967), „Mein Jesus, mache mich neu" (1986) und „Täglich rede ich mit dir" (1996).

1969 wurde Johnson Gnanabaranam zum Pfarrer ordiniert. Bevor er am 14. Januar 1993 er in Tranquebar als 9. Bischof von Tranquebar der TELC eingeführt wurde, arbeitete er als Dozent in Kalkutta und für das Missionswerk der Schwedischen Kirche in Uppsala. Er leitete außerdem die Theologische Hochschule Gurukul in Chennai sowie das Ziegenbalgzentrum in Tranquebar.

Nach seiner Pensionierung 1999 engagierte er sich weiterhin in der indischen Missionsbewegung.

Johnson Gnanabaranam verstarb 2008 in Chennai.